Todo sobre los insectos

Las mantis religiosas

Aaron Carr

AV2 SPANISH

www.openlightbox.com

AV2 SPANISH

Paso 1
Ingresa a **www.openlightbox.com**

Paso 2
Ingresa este código único

AVE98743

Paso 3
¡Explora tu eBook interactivo!

AV2 es compatible para su uso en cualquier dispositivo.

Tu eBook interactivo trae...

Leer

- **Audio** Escucha todo el lobro leído en voz alta
- **Videos** Mira videoclips informativos
- **Enlaces web** Obtén más información para investigar
- **¡Prueba esto!** Realiza actividades y experimentos prácticos
- **Palabras clave** Estudia el vocabulario y realiza una actividad para combinar las palabras
- **Cuestionarios** Pon a prueba tus conocimientos
- **Presentación de imágenes** Mira las imágenes y los subtítulos
- **Comparte** Comparte títulos dentro de tu Sistema de Gestión de Aprendizaje (LMS) o Sistema de Circulación de Bibliotecas
- **Citas** Crea referencias bibliográficas siguiendo los estilos de APA, CMOS y MLA

Este título está incluido en nuestra suscripción digital de Lightbox

Suscripción en español de K–5 por 1 año
ISBN 978-1-5105-5935-6

Accede a cientos de títulos de AV2 con nuestra suscripción digital.
Regístrate para una prueba GRATUITA en www.openlightbox.com/trial

Se garantiza que los componentes digitales de este libro estarán activos por al menos cinco años desde la fecha de publicación.

Las mantis religiosas

Contenidos

Conoce a las mantis religiosas.

Las mantis religiosas son insectos grandes.

Tienen el cuerpo alargado y delgado.

Las mantis religiosas viven en la mayor parte del mundo.

Generalmente, viven en las plantas.

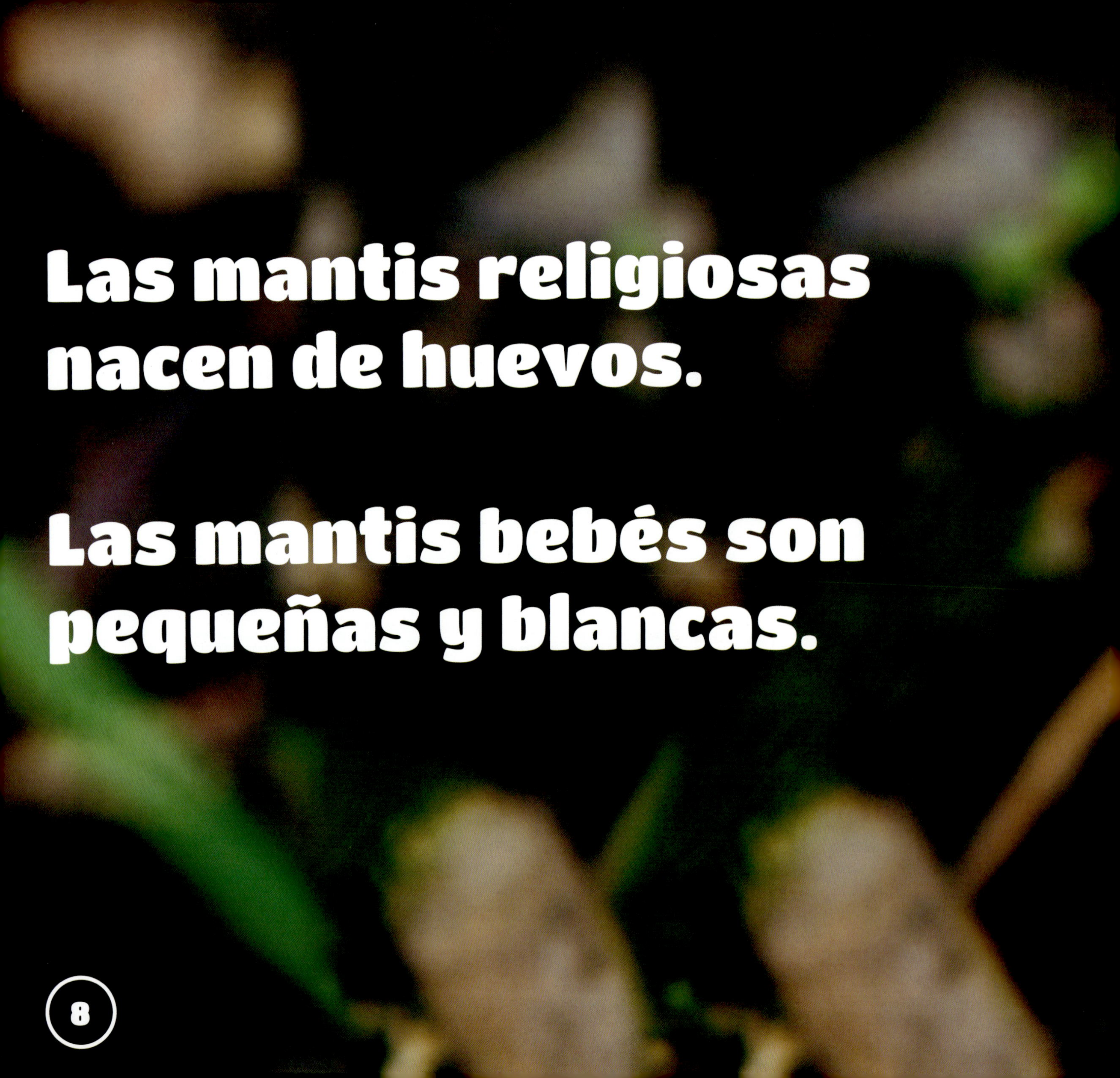

Las mantis religiosas nacen de huevos.

Las mantis bebés son pequeñas y blancas.

Las mantis religiosas llevan sus patas delanteras juntas.

Por eso, parece que estuvieran rezando.

Muchas mantis religiosas tienen dos pares de alas.

Usan sus alas para ahuyentar a los animales más grandes.

Las mantis religiosas tienen cinco ojos.

Los usan para buscar comida.

Las mantis religiosas comen insectos.

Así, obtienen todo lo que necesitan para estar sanas.

Las mantis religiosas cazan escondiéndose en las plantas.

De esa manera, atrapan a su alimento tomándolo por sorpresa.

A veces, se las lleva a vivir a las granjas.

Las mantis religiosas se comen a las plagas que se alimentan de los cultivos.

DATOS SOBRE LAS MANTIS RELIGIOSAS

Estas páginas contienen más detalles sobre los interesantes datos de este libro. Están dirigidas a los adultos, como soporte, para que ayuden a los jóvenes lectores a redondear sus conocimientos sobre cada criatura presentada en la serie *Todo sobre los insectos*.

Páginas 4–5

Las mantis religiosas son insectos grandes. Los insectos tienen seis patas articuladas y el cuerpo dividido en tres partes: la cabeza, el tórax y el abdomen. Además, los insectos tienen un caparazón externo llamado exoesqueleto. Hay unas 2000 especies en la familia de las mantis. También llamados mantodeos, están entre los insectos más grandes del mundo. Las mantis más grandes pueden llegar a medir 6 pulgadas (15 centímetros) de largo. Las más pequeñas solo miden 0,5 pulgadas (1,3 cm) de largo.

Páginas 6–7

Las mantis religiosas viven en la mayor parte del mundo. En todos los continentes hay mantis, menos en la Antártida. Mayormente, viven en áreas tropicales o subtropicales. Se las suele encontrar en bosques, jardines u otros lugares con abundante vida vegetal. Pasan la mayor parte del tiempo en las plantas. Su color las ayuda a mezclarse con las plantas.

Páginas 8–9

Las mantis religiosas nacen de huevos. Las mantis pueden poner hasta 400 huevos por otoño. Dejan los huevos dentro de una bolsa llamada ooteca adherida a las plantas. Después de eclosionar, la mantis está en estado de ninfa. Las ninfas se parecen a las mantis adultas pero sin alas. Las ninfas crecen durante el verano. Para el otoño, ya alcanzan su tamaño completo y le crecen las alas.

Páginas 10–11

Las mantis religiosas llevan sus patas delanteras juntas. La mantis religiosa recibe su nombre por la posición de sus patas delanteras, que usa como brazos. Estas patas son más grandes y más fuertes que las demás. La mantis suele llevar las patas delanteras plegadas en ángulo y con los extremos juntos, como cuando las personas unen sus manos al rezar. El nombre mantis viene de la palabra griega "profeta".

Páginas 12–13

Muchas mantis religiosas tienen dos pares de alas. Sin embargo, no todas las especies de mantis tienen alas y muchas especies aladas no vuelan. Estas mantis usan sus alas para defenderse de los depredadores. Si se acerca un depredador, la mantis levanta y aletea sus alas para parecer más grande. Algunas mantis tienen manchas en las alas que parecen ojos grandes.

Páginas 14–15

Las mantis religiosas tienen cinco ojos. Tienen una vista excepcional en comparación con otros insectos. La mantis tiene dos grandes ojos compuestos a cada lado de la cabeza. Con estos ojos, las mantis pueden ver objetos a 50 pies (15 metros) de distancia. La mantis también tiene tres ojos simples en el medio de la frente. Estos ojos solo pueden distinguir la luz de la oscuridad. La mantis puede girar la cabeza 180 grados. Eso le permite tener una mejor visión del entorno para encontrar alimento.

Páginas 16–17

Las mantis religiosas comen insectos. Son carnívoras. Eso significa que cazan a otros animales para alimentarse. Las mantis generalmente comen pequeños insectos, como polillas, grillos, saltamontes y moscas. Pero, se sabe que las mantis grandes también comen animales más grandes, como ranas, lagartijas, ratones y colibríes. La mantis tiene una hilera de púas a lo largo de la parte interior de sus patas delanteras. Con estas púas puede agarrar y sostener a su presa.

Páginas 18–19

Las mantis religiosas cazan escondiéndose en las plantas. Las mantis usan sigilo y camuflaje para cazar a sus presas. Se sientan inmóviles en los tallos, hojas o flores de su mismo color. Así, evitan ser vistas por sus presas. Cuando la presa se acerca, la mantis la atrapa con sus grandes patas delanteras. La mantis tarda una vigésima de segundo en atrapar a su presa, demasiado rápido para que el ojo humano lo vea.

Páginas 20–21

A veces, se las lleva a vivir en las granjas. La mayoría de los granjeros y jardineros reciben con agrado a las mantis religiosas porque cazan muchos insectos considerados plagas. Algunos granjeros incluso compran mantis para controlar las plagas de forma natural. Pero, algunos insectos se reproducen demasiado rápido y las mantis no logran controlarlos. Además, los granjeros deben tener en cuenta que las mantis religiosas comen prácticamente todos los insectos que encuentran, incluso los que tienen un impacto positivo en las cosechas.

Published by Lightbox Learning Inc.
276 5th Avenue, Suite 704 #917
New York, NY 10001
Website: www.openlightbox.com

Library of Congress Control Number: 2023930866

ISBN 978-1-7911-5503-2 (hardcover)
ISBN 978-1-7911-5504-9 (multi-user eBook)

Printed in Guangzhou, China
1 2 3 4 5 6 7 8 9 0 27 26 25 24 23

032023
101722

Designer: Ana María Vidal
English Project Coordinator: John Willis
Spanish Project Coordinator: Sara Cucini
English/Spanish Translator: Translation Services USA

The publisher acknowledges Getty Images as the primary image supplier for this title.